1944 – Ein ganz besonderes Jahr!

1944 ist ein besonderes Jahr: Uschi Glas erblickt das Licht der Welt, Heinz Rühmann spielt in der „Feuerzangenbowle" und Zarah Leander begeistert das Kinopublikum.

Eine spannende und amüsante Zeitreise für jede Frau, die immer schon mal wissen wollte, welche Trends in ihrem Geburtsjahr begründet wurden und welche bedeutenden Ereignisse es gab.

Ein Ereignis ist dabei ganz besonders hervorzuheben:

Das größte Highlight 1944 ist die Geburt von:

Liebes Geburtstagskind,

Inhalt

Chinesisches Horoskop 6
Eine Große des Fernsehens 9
Filmspaß im Kino 10
Musilek sichert sich dritten Titel 11
Alle 14 Achttausender 12
Moderne Kunst ist verpönt 13
Königliche Hochzeit 14
Das geschah 1954, als du 10 Jahre alt warst 15
Blutwunder bleibt aus 16
Jubiläum einer Bank 17
Bowlen, Liköre & Co aus 1954 18
Stahlanzug für Taucher 19
Volvo trotzt Autoflaute 20
Das geschah 1964, als du 20 Jahre alt warst 21
Die Frau meiner Träume 22
Entspannung für die Menschen 23
Dramatische Kunst 24
Nur das einsame Herz 25
Aus der Jugendzeit: Strickpullover und Mütze aus 1964 26
Ende der Satire 27
Wünsche der US-Bürger 28
Keine Kaufwünsche wecken 29
Eine Musiklegende 31
Roosevelt erneut Präsident 32
Die Wandlung der Bäckersfrau 33
Neue Klänge im Jazz 34
Nobelpreis für Pionier der Kernspaltung 35
Glasmenagerie wird uraufgeführt 37
Vulkanausbruch 38
Kampf für die Freiheit 39
Was 1944 sonst noch geschah … 40
Mehr Geburten gefordert 42
Düsen statt Propeller 43
Vier original Strick-anleitungen für Babykleidung 1964 44
Rekordernte in den USA 45
Schweiz bleibt neutral 46
Das geschah 1974, als du 30 Jahre alt warst 47
Turandot in Dresden 48
Neuer Riesencomputer 49

Ballettpremiere in New York ... 50
Filmdiven ... 52
Schrammeln in Wien ... 53
Geburtstag einer Prinzessin ... 55
Fancy Free in New York ... 56
Die Soul-Legende ... 57
Mode in Deutschland ... 58
Das geschah 1984, als du 40 Jahre alt warst ... 59
Erfolgreicher Kinofilm ... 60
Aufruf zu Mut und Selbstbestimmung ... 61
Große Würdigung ... 62
Vintage: 1980er Jahre Rucksack zum Selbernähen ... 63
Große Freiheit Nr. 7 ... 65
Flugverkehr wieder möglich ... 66
Mode in Frankreich ... 67
Italiens Kulturerbe ... 69
Eine besondere Stimme ... 70
Ein Film über Liebe und Opfer ... 71
Cholesterinarme Rezepte aus 1994 ... 72
Arsen und Spitzenhäubchen ... 73
Wiederkehr des Notensystems ... 74
Familie Buchholz ... 75
Das geschah 2004, als du 60 Jahre alt warst ... 76
Bester Film des Jahres ... 77
Die Serienbraut ... 78
Verschollen ... 79
Schlager des Jahres 1944 ... 80
Schlager-Ikone ... 81
Ein Symbol für Mut ... 82
Miniaturuhr als Fingerring ... 83
Eine lebende Filmlegende ... 84
Die beliebtesten Vornamen ... 85
Mädchenideal ... 87
Prominente Geburtstagskinder ... 88
Meisterregisseur ... 92
Raserei im Kino ... 93
Das geschah 2014, als du 70 Jahre alt warst ... 94
1944 als Kreuzworträtsel ... 95
Fortsetzung folgt ... 96

Chinesisches Horoskop

Wer im Jahr 1944 das Licht der Welt erblickte, ist im **chinesischen Tierkreiszeichen des Affen** geboren.

Das chinesische Tierkreiszeichen Affe steht für Intelligenz und Witz

Das Charakterbild der Affen-Frau

Im chinesischen Horoskop verkörpert die im Tierkreiszeichen des Affen geborene Frau Intelligenz und Witz. Ihre schlaue und einfallsreiche Art macht sie zu einer faszinierenden Persönlichkeit. Sie ist bekannt für ihre Flexibilität und ihre Fähigkeit, sich schnell an neue Situationen anzupassen. Ihr scharfer Verstand und ihre Neugier treiben sie an, ständig neues Wissen zu erlangen und Herausforderungen mit Bravour zu meistern.

In sozialen Kreisen ist die Affen-Frau eine Quelle des Humors und der Unterhaltung – sie ist geistreich, gesellig und versteht es, mit ihrem Charme und ihrer Leichtigkeit andere zu begeistern. Sie genießt es, im Mittelpunkt zu stehen, aber sie ist auch eine ausgezeichnete Beobachterin, die subtile Nuancen im Verhalten anderer erkennt.

In Liebesangelegenheiten ist die Affen-Frau spielerisch und charmant. Sie verliebt sich leicht, doch ihre Liebe ist tief und aufrichtig. Sie sucht nach einem Partner, der ihre Intelligenz schätzt und mit ihrem lebhaften Geist mithalten kann. Ihre Beziehungen sind geprägt von gegenseitigem Respekt und einer starken geistigen Verbindung. Sie bevorzugt eine Partnerschaft, die sowohl auf körperlicher Anziehung als auch auf intellektueller Ebene basiert.

Zusammengefasst zeichnet sich die Affen-Frau durch ihre Intelligenz, Flexibilität und ihren Witz aus. Sie ist charmant und geistreich in sozialen Kreisen und sucht in der Liebe eine tiefe, intellektuell stimulierende Verbindung.

Auf den folgenden Seiten sind Trends, Ereignisse und Geschichten angeführt, die das Geburtsjahr 1944 aus Sicht der Frau zu einem besonderen Jahr machen. Viel Spaß beim Schmunzeln und Staunen!

Eine Große des Fernsehens

Eigentlich soll sie Helga heißen, dann entscheiden sich ihre Eltern doch für Ursula. Später ist sie - in Anlehnung an einen ihrer Filme - für die meisten einfach nur das "Schätzchen": **Uschi Glas** gehört seit dem Beginn ihrer Karriere in den 1960er Jahren zu den bekanntesten Schauspielerinnen in Deutschland.

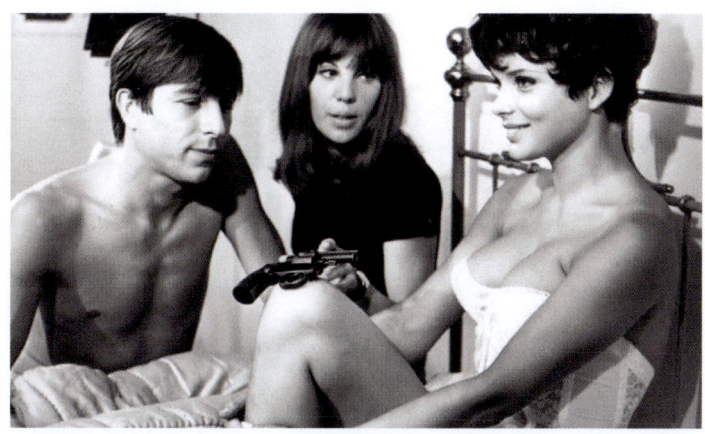

Mit „Zur Sache Schätzchen" aus dem Jahr 1968 startet die Karriere von Uschi Glas richtig durch.

Mit 20 Jahren zieht Glas nach München, wo sie als Sekretärin arbeitet. Als sie zufälligerweise bei einer Filmpremiere auftaucht, ist der Produzent Horst Wendlandt von ihr so begeistert, dass er ihr eine kleine Rolle in der Edgar-Wallace-Verfilmung "Der unheimliche Mönch" (1965) anbietet.

Nach fünf Drehtagen in Hameln nimmt Glas Schauspielunterricht. 1966 erhält sie ihre erste Hauptrolle in dem Kino-Hit "Winnetou und das Halbblut Apanatschi".

Filmspaß im Kino

Der Spielfilm „**Die Feuerzangenbowle**" wird in Berlin uraufgeführt. Basierend auf Heinrich Spoerls Roman, schildert der Film humorvoll das Schulleben aus der Perspektive eines Erwachsenen.

In der beliebten Lausbubenkomödie „Die Feuerzangenbowle" drückt Heinz Rühmann als Oberprimaner Pfeiffer (li.) die Schulbank.

Inhaltlich dreht sich „Die Feuerzangenbowle" um einen erfolgreichen Schriftsteller, Dr. Johannes Pfeiffer, der nie eine reguläre Schule besucht hat. Er wird durch eine gesellige Runde, in der das traditionelle Getränk Feuerzangenbowle getrunken wird, inspiriert, die Schulerfahrung nachzuholen.

Pfeiffer schreibt sich inkognito in ein Gymnasium ein und erlebt dort diverse Streiche und Abenteuer, die das damalige Schulleben humorvoll aufzeigen. Der Film, trotz seiner anfänglichen Kontroversen, wird zu einem Klassiker der deutschen Filmgeschichte.

Musilek sichert sich dritten Titel

Die Wienerin **Marta Musilek** triumphiert zum dritten Mal bei den Deutschen Eiskunstlaufmeisterschaften im Münchner Prinz-Regenten-Stadion. Die Deutsche Jugendmeisterin Eva Pawlik, ebenfalls aus Wien, erringt den zweiten Platz und bestätigt damit ihr aufstrebendes Talent in der Eiskunstlaufszene. Auf dem dritten Platz folgt Inge Jell aus München, die mit ihrer Leistung das heimische Publikum begeistert.

Martha Musilek, zum dritten Mal deutsche Eiskunstlaufmeisterin.

Diese Meisterschaft markiert einen wichtigen Wendepunkt für Musilek, die trotz ihres Sieges mit den Herausforderungen der Qualität in der Spitzenleistung konfrontiert wird. Pawliks und Jells Auftritte signalisieren eine vielversprechende Zukunft für den deutschen Eiskunstlauf, während Musilek sich darauf konzentriert, zu ihrer früheren Form zurückzufinden.

Alle 14 Achttausender

Reinhold Messner, geboren am **17. September 1944** in Brixen, Südtirol, ist eine Legende im Bergsteigen und einer der herausragendsten Alpinisten aller Zeiten. Er wurde weltberühmt durch seine außergewöhnlichen Expeditionen und als der erste Mensch, der alle 14 Achttausender ohne zusätzlichen Sauerstoff bestieg.

Reinhold Messner auf einen seiner vielzähligen Expeditionen.

Messners Leistungen in extremen Höhen und seine Philosophie des "Alpinismus pur", bei dem er auf zusätzliche Hilfsmittel verzichtete, revolutionierten den Bergsport. Neben seinen bergsteigerischen Erfolgen ist Messner auch als Autor, Abenteurer und Umweltschützer bekannt.

Seine Bücher und Vorträge über seine Erfahrungen und über den Schutz der Bergwelt inspirieren Menschen weltweit. Messners Leben und seine außergewöhnlichen Expeditionen bleiben ein Symbol für Mut, Ausdauer und die Kraft des menschlichen Geistes.

Moderne Kunst ist verpönt

Die Moderne Kunst, insbesondere Stilrichtungen wie Kubismus, Dadaismus und Surrealismus sowie jegliche Formen abstrakter oder konkreter Kunst, waren 1944 verpönt. Die moderne Kunst stand nämlich im krassen Gegensatz zu den traditionellen und klassischen Kunstformen.

Gemälde von Max Beckmann (li.), „Schwimmbad Cap Martin", Öl auf Leinwand.

„Die schönen Radfahrerinnen" (li.), Gemälde von Fernand Léger, Öl auf Leinwand.

Königliche Hochzeit

Am 20. März 1944 findet in der jugoslawischen Botschaft in London eine bedeutende königliche Hochzeit statt: **König Peter II. von Jugoslawien** heiratet **Prinzessin Alexandra von Griechenland.** Unter den Gästen befinden sich König Georg II. von Griechenland, Aspasia von Griechenland, die Mutter der Braut, sowie Königin Wilhelmina der Niederlande und Prinz Bernhard der Niederlande. Auch der norwegische König Olaf ist zugegen.

Die historische Trauung wird durch ihre Schlichtheit und Stille charakterisiert, ein Kontrast zu den üblichen prunkvollen königlichen Feierlichkeiten.

Dieses Ereignis symbolisiert nicht nur die Vereinigung zweier königlicher Familien, sondern auch ein Moment der Einigkeit und des Friedens in einer von Konflikten geprägten Zeit.

Das geschah 1954, als du 10 Jahre alt warst

An seinem 19. Geburtstag, im Jahr 1954, entscheidet sich Elvis Aron Presley, ein junger Lastwagenfahrer, seinen ersten Song aufzunehmen – der Rest ist Musikgeschichte.

Im Februar 1954 reist Marilyn Monroe nach Korea, um die dort stationierten amerikanischen Truppen zu unterhalten.

Das Wunder von Bern: Im Juli 1954 besiegt die BRD Ungarn im Finale der Fußballweltmeisterschaft.

Blutwunder bleibt aus

Zum ersten Mal seit 60 Jahren bleibt das Blutwunder in der Kathedrale von Neapel aus. Dieses Phänomen, das normalerweise zu den Festtagen des Schutzpatrons, des Heiligen Gennaro, stattfindet, gilt als **Zeichen des Wohlergehens.** Der Prälat warnt vor einer möglichen schweren Heimsuchung für die Stadt. Er erinnert daran, dass das letzte Ausbleiben des Wunders im Jahr 1884 von einer verheerenden Cholera-Epidemie gefolgt wurde.

Seit der ersten Beobachtung im Jahr 1389 hat sich das Wunder regelmäßig wiederholt. Trotz zahlreicher Untersuchungen gibt es bis heute keine überzeugende wissenschaftliche Erklärung für die Verflüssigung des Blutes, das sein Volumen dabei bis zum Doppelten steigert.

Jubiläum einer Bank

Am 27. Juli 1944 feiert die **„Bank of England",** die Zentralnotenbank Großbritanniens mit Sitz in London, ihr 250-jähriges Bestehen. Das ehrwürdige Institut blickt auf eine lange und ereignisreiche Geschichte zurück. Ursprünglich im Jahr 1694 als Privatbank gegründet, übernimmt die „Bank of England" im Laufe des 18. Jahrhunderts die Verwaltung der Staatsschulden und später auch die Führung der Staatskasse.

Im Jahr 1834 werden die Banknoten der „Bank of England" gesetzliches Zahlungsmittel. 1928 erhält sie das alleinige Notenprivileg. Als die Bank im Jahr 1694 ihre Geschäfte aufnimmt, beschäftigt sie 17 Angestellte, 250 Jahre später sind es über 4000.

Sitzungszimmer in der „Bank of England"

Bowlen, Liköre & Co aus 1954

Cocktailbücher gibt es seit den 1950er Jahren in den Buchhandlungen

27 leckere Rezepte für Bowlen Liköre etc. aus dem Jahr 1954 können Sie hier mittels QR-Code oder Link downloaden:

https://bit.ly/getränke-1954

Stahlanzug für Taucher

Der stählerne **Tauchkoloss,** eine deutsche Erfindung dient sowohl militärischen als auch zivilen Zwecken für Unterwasserarbeiten. Der Taucheranzug, der von einem Kran ins Wasser gesetzt wird, bietet Platz für eine Person.

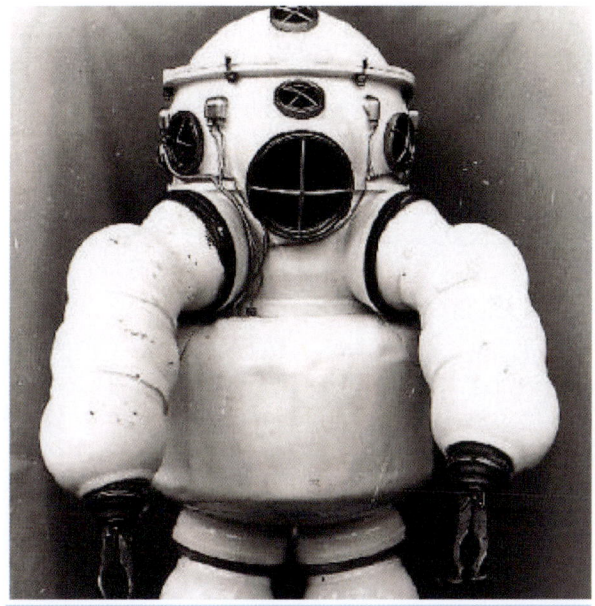

Der stählerne „Tauchkoloss" – eine geniale Erfindung!

Mit diesem Metallgiganten können Aufgaben wie die Reparatur von Schiffswracks bis zu einer Tiefe von 200 Metern bewältigt werden. Kugelgelenke an Armen und Beinen ermöglichen eine flexible Bewegung. Im Inneren des Anzugs sind verschiedene Kommunikations- und Messgeräte installiert, einschließlich eines Telefons.

Volvo trotzt Autoflaute

1944 erlebt die Produktion ziviler Autos einen erheblichen Stillstand. Der Fokus der Automobilindustrie liegt fast ausschließlich auf der Herstellung von Fahrzeugen für militärische Zwecke. In dieser herausfordernden Zeit steht Volvo als bemerkenswerte Ausnahme da.

Das schwedische Unternehmen trotzt dem Trend und stellt zwei neue Automodelle vor: den PV 444, auch als **Buckel-Volvo** bekannt, und den PV 60.

PV 444 (li.)   *PV 60 (re.)*

Diese innovativen Fahrzeuge markieren einen wichtigen Moment in der Automobilgeschichte, doch ihre Serienproduktion beginnt erst im Jahr 1947. Volvo demonstriert damit seine Fähigkeit zur Innovation und Anpassung, selbst unter den schwierigen Bedingungen des Krieges.

Das geschah 1964, als du 20 Jahre alt warst

Am 20. März heiraten Elizabeth Taylor und Richard Burton in Montreal, Kanada. Die strahlende 32-jährige Filmdiva und der charismatische 38-jährige britische Schauspieler finden ihre Liebe am Set des epischen Films "Cleopatra".

Am 10. März feiert das Vereinigte Königreich die Geburt von Prinz Edward, dem neuesten Mitglied der königlichen Familie.

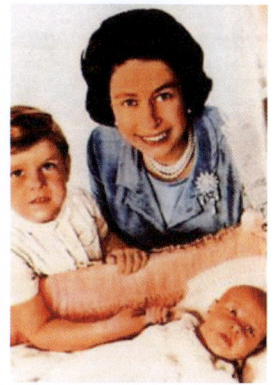

Marika Kilius und Hans-Jürgen Bäumler werden Eiskunstlauf-Europa- und Weltmeister.

Die Frau meiner Träume

„Die Frau meiner Träume", ein deutscher Spielfilm, hat seine Uraufführung im August 1944 in Berlin. Dieser Film, mit der berühmten ungarischen Schauspielerin Marika Rökk in der Hauptrolle, gilt als einer der letzten großen Unterhaltungsfilme des Dritten Reichs. Der Film, ein typisches Produkt der damaligen Zeit, ist eine Mischung aus Musik, Tanz und romantischer Komödie.

Wolfgang Lukschy und Marika Rökk als Hauptdarsteller in „Die Frau meiner Träume"; Regie führt Georg Jacoby.

Regie führt Georg Jacoby, der auch Rökks Ehemann ist. Die Handlung des Films dreht sich um eine berühmte Filmdiva (gespielt von Rökk), die sich in einen Ingenieur verliebt. Der Film ist bekannt für seine aufwendigen Tanzszenen und die leichte, heitere Musik.

Entspannung für die Menschen

Die Wichtigkeit des **Rundfunks** als Kulturmedium wird hervor gehoben. Der Rundfunk soll neben dem Film der Bevölkerung Entspannung bieten.

Interessiertes Zuhören von Jung und Alt: Das Interesse gilt auch den Unterhaltungssendungen.

Die Radioprogramme, die Nachrichten, Kommentare, Korrespondentenberichte und Unterhaltung beinhalten, bleiben in ihrer Vielfalt bestehen. Zusätzlich werden Dichterlesungen, Opern-, Theater- und Konzertabende eingeführt.

Die neue Sendereihe „Bühne und Rundfunk" soll alle zwei Wochen am Freitagabend bedeutende Werke der deutschen Dichtkunst präsentieren. Zudem wird der „Zeitspiegel" um Sendungen wie „Der Hörer fragt, der Zeitspiegel antwortet" erweitert.

Dramatische Kunst

In Frankreich blüht die dramatische Kunst während trotz der politischen Umwälzungen, weiter und Frankreich erlebt eine Ära der kreativen Vitalität. Dramatiker wie Jean-Paul Sartre, Albert Camus und Jean Anouilh prägen diese Zeit mit ihren Werken.

Jean-Paul Sartre, bekannt für seine philosophischen Ideen des Existenzialismus, bringt Stücke wie „Die Fliegen" und „Geschlossene Gesellschaft" auf die Bühne. Diese Werke hinterfragen moralische und gesellschaftliche Normen, spiegeln Sartres Auseinandersetzung mit Freiheit und Verantwortung wider.

Jean-Paul Sartre (li.) und Albert Camus (re.) in Paris 1944.

Albert Camus, ebenfalls ein Vertreter des Existenzialismus, zeichnet sich durch Werke wie „Das Missverständnis" und „Die Gerechten" aus. Seine Stücke erforschen menschliche Konflikte, Moral und die Absurdität des Lebens. **Jean Anouilh,** bekannt für sein vielschichtiges und oft ambivalentes Werk, bringt Dramen wie „Antigone" und „Becket oder die Ehre Gottes" hervor. Anouilhs Stücke sind oft geprägt von einem Konflikt zwischen Idealismus und Realismus.

Nur das einsame Herz

„None but the Lonely Hart" (Nur das einsame Herz), ein Film mit **Cary Grant** in der Hauptrolle, startet 1944 in den US-Kinos. Das Drehbuch, basierend auf einem Roman von Richard Llewellyn, stammt von Clifford Odets, der auch Regie führt. Die musikalische Untermalung liefert Hanns Eisler.

Cary Grant, der seine typische Rolle als Charmeur und eleganter Gentleman hinter sich lässt, verkörpert Ernie Mott, einen armen, chancenlosen Mann aus dem London der 1930er Jahre. Der Film beleuchtet das trostlose Leben der armen Bevölkerung in den städtischen Slums, die vergebens auf eine Verbesserung ihrer Lebensumstände hofft.

Ein bewegender Einblick in das arme London der 30er Jahre.

Aus der Jugendzeit: Strickpullover und Mütze aus 1964

Die Strickanleitungen zu diesem Pullover mit Mütze aus dem Jahr 1964 (für Oberweiten 94-98 und 98-102 cm) gibt es unten zum Download.

https://bit.ly/Strickanleitung-1964

Ende der Satire

Die berühmte satirische Wochenzeitschrift „Simplicissimus" muss im Jahr 1944 nach 49 Jahren ihres Bestehens aufgrund von Papierknappheit die Veröffentlichung einstellen. Diese einst scharfzüngige Publikation hat bereits 1933 an Schärfe verloren und sich in eine eher harmlose humoristische Zeitschrift verwandelt.

Titelblatt der letzten Ausgabe vom September 1944.

Wünsche der US-Bürger

Eine US-Studie des Büros für Zivilbedürfnisse aus 1944, die 4.488 Haushalte befragte, hat ergeben, dass besonders **Haushaltsgeräte** wie Waschmaschinen, elektrische Bügeleisen, Kühlschränke, Herde, Toaster, Radios, Nähmaschinen, Staubsauger, Heizkörper, Ventilatoren und Warmwasserbereiter gefragt sind. 42 % dieser Haushalte planen, mindestens eines dieser Geräte zu ersetzen, da ihre aktuellen nicht mehr zufriedenstellend sind, und 56 % besitzen derzeit keines dieser Geräte.

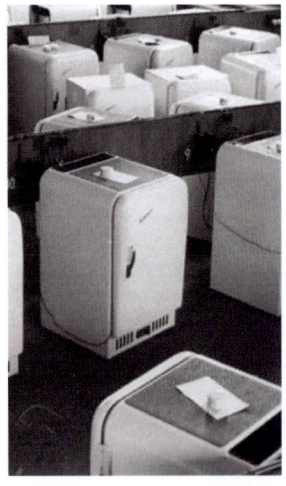

Kühlschränke – sie zählen zu eines der begehrtesten Produkte in den USA

Zusätzlich zeigt die Umfrage, dass 10 % der Familien beabsichtigen, nach dem Krieg ein eigenes Haus zu kaufen oder zu bauen, und dass 71 % der potenziellen Hausbesitzer bereits mit dem Sparen für diesen Kauf begonnen haben.

Das Büro für Zivilbedürfnisse hebt hervor, dass insbesondere die Produktion von Radios momentan eine große Herausforderung darstellt.

Unerreichbare Kaufwünsche

Die neuen **Werberichtlinien,** herausgegeben im Oktober 1944 vom Werberat der deutschen Wirtschaft, legen fest, dass Schaufenster nicht länger unerreichbare Kaufwünsche wecken oder eine nicht vorhandene Warenvielfalt suggerieren sollen.

Diese Maßnahmen zielen darauf ab, ein häufiges Problem zu lösen: Kunden möchten oft Artikel kaufen, die sie im Schaufenster gesehen haben, nur um dann im Geschäft zu erfahren, dass diese Artikel lediglich zur Dekoration dienen und nicht verkäuflich sind.

Um diesem Missstand ein Ende zu setzen, wird nun festgelegt, dass selbst Dekorationsstücke in Schaufenstern den Kunden, insbesondere Ausgebombten, zum Kauf angeboten werden müssen.

Für viele Ladenbesitzer, besonders in Großstädten, ist diese Regeländerung jedoch irrelevant, da sie ihre Schaufenster aufgrund der ständigen Bombenangriffe und der dadurch entstehenden Glasschäden bereits zugemauert haben.

Eine Musiklegende

Diana Ross, geboren am 26.3.1944 ist eine lebende **Musiklegende,** hat die Musikwelt seit den 1960er Jahren geprägt. Sie begann ihre Karriere als Teil der Supremes, einer der erfolgreichsten weiblichen Musikgruppen aller Zeiten, und setzte ihren Weg als Solo-Künstlerin fort. Ross ist bekannt für ihre einzigartige, ausdrucksstarke Stimme und ihre unverwechselbare Präsenz auf der Bühne.

The Supremes: Florence Ballard, Mary Wilson und Diana Ross (1965), (v. l. n. r.)

Ihre Hits wie "Ain't No Mountain High Enough" und "I'm Coming Out" sind Klassiker, die Generationen von Fans begeistern. Ross' Einfluss erstreckt sich weit über die Musik hinaus; sie ist auch eine Stilikone und eine Vorreiterin für afroamerikanische Künstlerinnen in der Unterhaltungsindustrie.

Ihr künstlerisches Erbe und ihr Engagement für soziale Gerechtigkeit machen sie zu einer inspirierenden Figur in der Kulturgeschichte.

Roosevelt erneut Präsident

Im November 1944 wird Franklin Delano Roosevelt, der seit 1933 **Präsident der USA** ist, zum dritten Mal in Folge wiedergewählt. Er ist damit der erste von insgesamt 32 US-Präsidenten, der länger als acht Jahre im Amt bleibt. Roosevelt, ein Demokrat, erhält 25 Millionen Stimmen, während sein republikanischer Gegner Thomas Edmund Dewey 22 Millionen Stimmen bekommt.

Franklin Delano Roosevelt, wird in seinem Amt als US-Präsident bestätigt.

Bei den gleichzeitig abgehaltenen Kongresswahlen gewinnen die Demokraten im Repräsentantenhaus mit 218 zu 208 Sitzen und im Senat mit 58 zu 37 Sitzen. Sein Wahlerfolg ist besonders bemerkenswert, da Roosevelts kritischer Gesundheitszustand im Alter von 62 Jahren öffentlich bekannt ist.

Die Wandlung der Bäckersfrau

Die Radiopremiere des Theaterstücks **„Die Frau des Bäckers"** von Marcel Pagnol, einem bekannten französischen Autor und Regisseur, ist ein bemerkenswertes Ereignis.

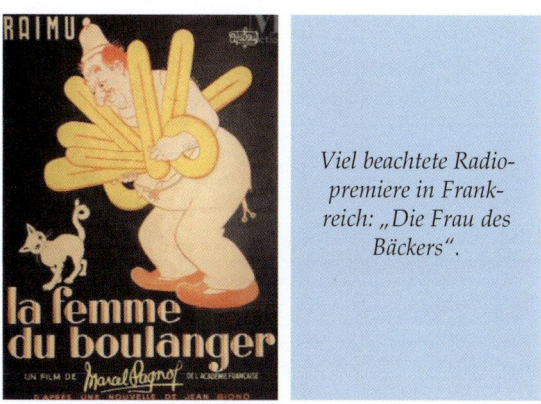

Viel beachtete Radiopremiere in Frankreich: „Die Frau des Bäckers".

Pagnol, bekannt für seinen humorvollen und satirischen Schreibstil, taucht in diesem Werk in die Welt des französischen Kleinbürgertums, insbesondere in die der Provence ein. Die Geschichte konzentriert sich auf Aurélie, die junge Frau eines Bäckers, die sich in ihrer Ehe langweilt und schließlich mit einem italienischen Hirten durchgeht, was im Dorf für großen Skandal sorgt.

Trotz der Aufregung und des Klatsches im Dorf, bleibt der Bäcker erstaunlich gleichgültig gegenüber dem Ehebruch seiner Frau. Als Aurélie zu ihm zurückkehrt, empfängt er sie ohne Vorwürfe oder Misstrauen. Diese selbstlose Liebe bewirkt eine tiefgreifende Veränderung in Aurélie, die daraufhin ein neues Leben in Zufriedenheit und Treue an der Seite ihres Mannes beginnt.

Neue Klänge im Jazz

Der **Bebop,** eine revolutionäre Entwicklung in der Jazzmusik, entsteht in den frühen 1940er Jahren in den Vereinigten Staaten als Reaktion auf die kommerziellen Einschränkungen des Swing. Geprägt von musikalischen Größen wie Charlie Parker, Dizzy Gillespie und Thelonious Monk, zeichnet sich dieser Stil durch komplexe Harmonien, schnelle Tempi und improvisatorische Virtuosität aus.

Der Bebop ebnet den Weg für spätere Entwicklungen wie den Cool Jazz und Hard Bop und hinterlässt ein bleibendes Erbe in der Musikgeschichte.

Bebop-Musiker streben danach, Jazz als ernsthafte Kunstform zu etablieren, und wenden sich von der tanzorientierten Swing-Musik ab. Bebop wird als eine Form des musikalischen Widerstands gegen die kommerziellen und kulturellen Beschränkungen der damaligen Zeit verstanden.

Nobelpreis für Pionier der Kernspaltung

Die Nobelpreisverleihung findet 1944 erstmals seit 1939 wieder in Oslo und Stockholm statt. In diesem Jahr und nachträglich für 1943 werden Preise vergeben. Der deutsche Wissenschaftler **Otto Hahn**, der 1945 in britischer Haft erfährt, dass er ausgezeichnet wurde, erhält den Nobelpreis für seine Pionierarbeit in der Kernspaltung, die er 1938 zusammen mit Lise Meitner und Friedrich Straßmann erreicht.

Otto Hahn, Nobelpreisträger 1944; ihm gelang die erste Kernspaltung.

Hahns Forschung in der Radioaktivität beginnt 1904, und 1905 arbeitete er in Montreal unter Ernest Rutherford. Ab 1907 forscht er mit Lise Meitner in Berlin, wo sie gemeinsam mehrere radioaktive Elemente entdecken.

SCHATZ, DU HATTEST EINEN ALBTRAUM.
KALORIEN! DA WAREN ÜBERALL KALORIEN!

Glasmenagerie wird uraufgeführt

Am 26. Dezember 1944 feiert das Theaterstück "Die Glasmenagerie" vom amerikanischen Dramatiker **Tennessee Williams** seine Premiere im Civic Theatre in Chicago. Dieses Schauspiel, das 1945 den Pulitzerpreis gewinnt, markiert Williams' ersten bedeutenden Erfolg auf der Bühne.

Die Handlung dreht sich um Laura, eine lebensängstliche junge Frau, die zusammen mit ihrer Mutter und ihrem Bruder Tom in einfachen, kleinbürgerlichen Verhältnissen lebt. Als Laura sich schüchtern einem Mann nähert, erfährt sie, dass dieser bereits verlobt ist. Nach dieser Erfahrung zieht sie sich enttäuscht und einsam zurück.

Die Glasmenagerie von Tennessee Williams.

Vulkanausbruch

Am 20. März 1944 erlebt der **Vesuv** in Süditalien einen dramatischen Ausbruch. Der Vulkan, gelegen am Golf von Neapel, hüllt sich in einen intensiven roten Glanz und schleudert Lava in die Luft. Diese Lavaströme bewegen sich abwärts, wobei der größte auf dem Südhang eine beeindruckende Höhe von 20 Metern und eine Breite von nahezu 350 Metern erreicht.

Ein spektakuläres Schauspiel – der Vesuv-Ausbruch 1944

Vor dem Ausbruch wurden etwa 7000 Einwohner aus den umliegenden Ortschaften evakuiert, und infolgedessen wurden zwei Dörfer, San Sebastiano und Massa di Somma, vollständig von den Lavamassen verschüttet. Drei Küstenstädte in der Nähe des Golfs von Neapel waren ebenfalls in Gefahr, konnten aber glücklicherweise einer Zerstörung entgehen.

Kampf für die Freiheit

Nachdem er am 6. Mai 1944 aus der Haft entlassen wird, setzt der indische Unabhängigkeitsführer Mohandas Karamchand, bekannt als **Mahatma Gandhi,** seinen Kampf für die Unabhängigkeit Indiens fort. In einem Interview mit der Presse kritisiert Gandhi die britische Regierung scharf. Er wirft ihr vor, Indien immer enger an sich zu binden und keinerlei Respekt für die indische Unabhängigkeitsbewegung zu zeigen.

Der indische Freiheitskämpfer Mahatma Gandhi wird vor allem aufgrund seiner Methode des gewaltfreien Widerstands weltweit anerkannt und sehr geachtet.

Aufgrund der unnachgiebigen und kompromisslosen Haltung Großbritanniens erklärt Gandhi, dass er nicht gewillt sei, die "Quit India"-Resolution vom August 1942 zurückzunehmen.

Was 1944 sonst noch geschah ...

02. Mai:

Das US-amerikanische Marine-Medizinforschungsinstitut hat eine innovative Notverpflegung für Schiffbrüchige entwickelt.

Eine Tagesration besteht aus drei verschiedenen Tabletten und wiegt insgesamt 140 Gramm. Die erste Tablette enthält Zitronensäure, um den Speichelfluss anzuregen und einen Fruchtanteil zu bieten.

Die zweite Tablette besteht aus Saccharose, Maissirup, Zitronensäure und einem Fettzusatz. Die dritte Tablette setzt sich aus Saccharose, Maissirup und gemalzter Milch zusammen.

05. August:

In Deutschland stellt das Volkswagenwerk die Fertigung des zivilen KdF-Wagens, auch bekannt als "Kraft durch Freude"-Wagen, vollständig ein. Stattdessen konzentriert sich das Werk auf die Produktion spezieller Militärfahrzeuge für die Wehrmacht.

Zu den bemerkenswerten Entwicklungen gehören der VW-Schwimmwagen.

Was 1944 sonst noch geschah ...

14. September:

Es treten neue Richtlinien zur Vereinfachung des Steuersystems in Kraft: Personen mit einem Jahreseinkommen unter 12.000 Reichsmark müssen für die Jahre 1944/45 keine Einkommensteuererklärung einreichen, sofern ihr Einkommen im Vergleich zu 1943 nicht um mehr als 15% gestiegen oder um 10% gefallen ist. Sie werden denselben Steuersatz wie im Vorjahr zahlen.

Ähnliche Regelungen gelten für die Gewinn- und Gewerbesteuererklärung, wenn sich der Gewinn im Vergleich zum Vorjahr nicht um mehr als 15% erhöht oder um 10% verringert hat.

10. Oktober:

Heinz Rühmann, geboren am 7. März 1902 in Essen, zählt im Jahr 1944 zu den populärsten Filmkomikern Deutschlands. Seine berühmtesten Filme „Der Mustergatte" von 1937 und „Quax, der Bruchpilot" aus dem Jahr 1941, unterstreichen sein Talent.

Ziel der witzigen Streiche vom Schüler Pfeiffer (Heinz Rühmann, re.) in „Die Feuerzangenbowle" aus 1944 ist Professor Grey (li.), gespielt von Erich Ponto.

Mehr Geburten gefordert

Zum **Muttertag 1944** im damaligen Deutschen Reich steht das Motto „Mütter, ihr tragt das Vaterland" im Mittelpunkt. In dieser Zeit wird von der damaligen Reichsfrauenführerin, Gertrud Scholtz-Klink, ein besonderer Appell an die deutschen Frauen gerichtet. Sie fordert sie auf, sich verstärkt dem Gebären von Kindern zu widmen.

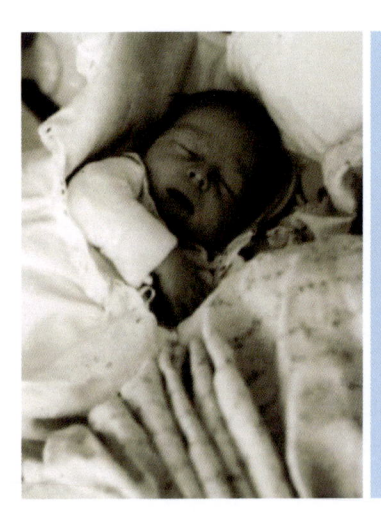

Mehr Kinder sollen die Frauen gebären.

Scholtz-Klink sieht es als die Verantwortung jeder deutschen Mutter an, in diesen Zeiten viele Kinder zur Welt zu bringen. Sie betrachtet Mütter als „Trägerinnen der Zukunft", deren Aufgabe es sei, die „Säulen von morgen" zu gebären und das Fortbestehen der Nation zu sichern. In ihrer Rede betont sie, dass dieser „fanatische Lebens- und Erhaltungswille" ein instinktives Merkmal jeder wahren Mutter ist.

Düsen statt Propeller

Die Entwicklung moderner Flugtechnologien im Deutschland und Großbritannien des 20. Jahrhunderts verläuft weitgehend parallel. Besonders auffällig ist dies bei der Entwicklung und Forschung des bahnbrechenden **Düsentriebwerks,** welches die konventionellen Kolbenmotor-Propellerflugzeuge ablöst. In diesem Jahr gelingt es beiden Nationen, ihre ersten Düsenflugzeuge einzusetzen: Deutschland mit der Messerschmitt „Me 262" und Großbritannien mit der Gloster „Meteor".

Deutsches Düsenflugzeug mit zwei Strahlturbinen „Me 262".

Neben diesen bahnbrechenden Modellen gibt es weitere Entwicklungen. Großbritannien bringt die de Havilland „Vampire" hervor, während Deutschland mit mehreren Prototypen experimentiert, darunter der Versuchsjäger „He 280", die Arado „Ar 234".

Exklusiv: Vier original Strickanleitungen für Babykleidung 1964

Vier Strickanleitungen für zwei Babyanzüge, Babykleid und Kapuzen Jäckchen gibt es zum Ausdrucken unter diesem Link bzw. QR-Code:

https://bit.ly/baby-1964

Rekordernte in den USA

In den Vereinigten Staaten wird dieses Jahr eine historische Weizenernte gemeldet – die größte in der Geschichte des Landes. Landwirtschaftsexperten prognostizieren für Kanada und die USA zusammen eine beeindruckende Erntemenge von rund 40 Millionen Tonnen Getreide, nahezu das Doppelte des Vorjahresertrags. Diese unerwartet hohe Weizenproduktion führt jedoch zu signifikanten Verteilungs- und Transportproblemen.

Die Rekordernte stellt sowohl die Landwirtschaft als auch die Transportindustrie der USA vor neue logistische Herausforderungen.

In dieser außergewöhnlichen Situation werden sogar Büroangestellte, Hausfrauen und Kinder mobilisiert, um bei der Abwicklung der Millionen von Bushels – einer traditionellen Maßeinheit für Getreide – zu helfen. Eisenbahngesellschaften starten Eilausbildungsprogramme, um schnell neues Personal für den Frachtdienst zu schulen.

Schweiz bleibt neutral

Am 1. August 1944, während der Feierlichkeiten zum **Nationalfeiertag,** betont Walter Stampfli, der Bundespräsident der Schweiz, in einer Rundfunkansprache die Entschlossenheit der Schweiz, ihren neutralen Status beizubehalten. Er hebt hervor, dass, da sich die Kriegsgefahr den Schweizer Grenzen nähert, die Neutralität des Landes unter starkem Druck steht.

Stampfli fordert Wachsamkeit und Bereitschaft, um Überraschungen zu vermeiden und gegebenenfalls den neutralen Status sowie die Lebens- und Existenzrechte der Schweizer Bevölkerung zu verteidigen.

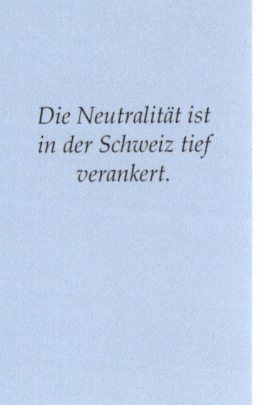

Die Neutralität ist in der Schweiz tief verankert.

Bundesrat Eduard von Steiger unterstreicht, dass für die Schweizer nicht die Frage besteht, auf welcher Seite zu kämpfen sei. Vielmehr gehe es darum, Kampf und bewaffneten Widerstand gegen jeden zu leisten, der das Land angreifen wolle.

Das geschah 1974,
als du 30 Jahre alt warst

Der Mini feiert in 1974 ein Come back, das gilt für alle Jahreszeiten – allerdings nicht Ultrakurz, sondern etwas länger.

Vom 13. Juni bis zum 7. Juli findet die FIFA Fußball-Weltmeisterschaft in Westdeutschland statt. Das Bundesdeutsche Team gewinnt das Finale gegen die Niederlande mit 2:1

ABBA gewinnt am 29. Mai mit dem Lied "Waterloo" den Grand Prix d'Eurovision de la Chanson.

Turandot in Dresden

In der **Dresdner Staatsoper** feiert das Ballett "Turandot" von Gottfried von Einem seine **Weltpremiere** und erfreut sich großer Beliebtheit beim Publikum. Dieses Werk, das erste vom Komponisten veröffentlichte, erzählt die Geschichte der mythischen und märchenhaften Prinzessin Turandot. Sie ist bekannt für ihre Schönheit und Grausamkeit, indem sie jeden Freier, der ihre drei Rätsel nicht lösen kann, zum Henker schickt.

Die Rolle der Prinzessin Turandot wird von Evelyne Marek und die des Prinzen Kalaf von Franz Karhanek getanzt.

Die Komposition besteht aus elf Teilen, in denen rhythmisch-dramatische Sequenzen und melodisch-lyrische Passagen einen spannenden Kontrast bilden. Von Einem schafft es, die Charaktere musikalisch eindrucksvoll darzustellen. Das Libretto, die Ausstattung und das Dekor stammen von Luigi Malipiero, während die Choreografie von Tatjana Gsovsky kreiert wird.

Neuer Riesencomputer

An der Harvard University in den USA stellt Howard Hathaway im August 1944 den von ihm entwickelten ersten programmgesteuerten Computer der Vereinigten Staaten vor, den „MARK I".

Diese 2,5 Meter hohe und 16 Meter lange Rechenanlage ist in der Lage, in einer Drittelsekunde zu addieren und zu subtrahieren, in sechs Sekunden zu multiplizieren und zu dividieren, und berechnet den Sinus von x in 88 Sekunden mit einer Genauigkeit von 23 Dezimalstellen.

Laut dem Erfinder kann der Computer ein Problem in 19 Stunden lösen, für das vier Personen mit herkömmlichen Bürorechenmaschinen etwa drei Wochen benötigen.

Ballettpremiere in New York

Die Uraufführung des klassischen Balletts „Danses Concertantes", zu Musik von Igor Strawinski und choreografiert von George Balanchine, findet im September 1944 im City Center in New York statt. Getanzt wird es vom Ballet de Russe de Monte Carlo, mit Alexandra Danilowa und Leon Danielian in den Hauptrollen.

Die Komposition von Strawinski, die ursprünglich für den Konzertsaal gedacht ist und keinen literarischen oder dramatischen Inhalt hat, wird später von Balanchine mit Erlaubnis des Komponisten für das Ballett choreografiert.

Werbeplakat für das Ballett in New York.

Fusion aus Psychoanalyse und Surrealismus

Alfred Hitchcock, der renommierte britische Filmregisseur, vollendet im Oktober 1944 die Dreharbeiten zu seinem bahnbrechenden Film „Spellbound" (Deutscher Titel: „Ich kämpfe um dich"). Der Film, der sich durch seine psychoanalytische Thematik auszeichnet, präsentiert Ingrid Bergman und Gregory Peck in den Hauptrollen.

Herausragend sind die Traumsequenzen des Films, die auf den visionären Designs des spanischen Malers Salvador Dalí basieren. Diese Sequenzen verleihen „Spellbound" eine surreale und faszinierende Ästhetik, die für Hitchcocks Filme charakteristisch ist. „Spellbound" feiert seine Uraufführung im Jahr 1945 und gilt als Meilenstein in Hitchcocks Karriere.

Kinoplakat für den 1944 fertiggestellten Film „Spellbound" mit Ingrid Bergman und Gregory Peck als Hauptakteure.

Der Film verbindet gekonnt Thriller-Elemente mit psychoanalytischen Konzepten und bleibt ein beeindruckendes Beispiel für Hitchcocks innovative Herangehensweise an das Filmemachen.

Filmdiven

Die **weiblichen Hauptdarstellerinnen** im deutschen Kino erfreuen sich großer Beliebtheit. Sie sind das Herzstück vieler erfolgreicher Filme, sei es im Revue-, oder im Liebesgenre. Besonders hervorzuheben sind die Darstellungen von eleganten und einflussreichen Damen, wie sie beispielsweise Lil Dagover oder Olga Tschechowa verkörpern. Henny Porten, die eher das Bild einer fürsorglichen Mutter als einer mondänen Salondame repräsentiert, zählt ebenfalls zu diesen prägenden Figuren.

„Bel Ami, der Liebling schöner Frauen" mit Olga Tschechowa.

„Schwarze Rosen" mit Lilian Harvey und J. Galland.

Ein weiteres faszinierendes Element in diesen Filmen ist die Präsenz der femme fatale, eine Rolle, in der Zarah Leander glänzt. Diese charismatischen und moralisch ambivalenten Figuren stehen im Kontrast zu Darstellerinnen wie Lilian Harvey, die das ehrliche und unkomplizierte Mädchen von nebenan verkörpert.

Schrammeln in Wien

Der deutsche Spielfilm „Schrammeln", inszeniert von Geza von Bolváry und geschrieben von Ernst Marischka, feiert seine Premiere in Wien. In den Hauptrollen glänzen **Paul Hörbiger, Hans Moser,** Hans Holt, Fritz Imhoff, Marte Harell und Fita Benkhoff. Der Film porträtiert die Geschichte des berühmten Wiener Schrammel-Quartetts, zentriert um die Brüder Josef und Johann Schrammel.

Rechts im Bild Hans Moser und links Hans Holt.

Konflikte entstehen zwischen den Brüdern, die durch die Fiakermilli, eine Schlüsselfigur des Films, geschlichtet werden. Ihre Intervention bewahrt das Quartett vor dem Zerfall. Diese historisch inspirierte Erzählung verbindet Drama und Musik, spiegelt Wiens kulturelles Erbe wider und betont die Bedeutung von Versöhnung und Zusammenhalt.

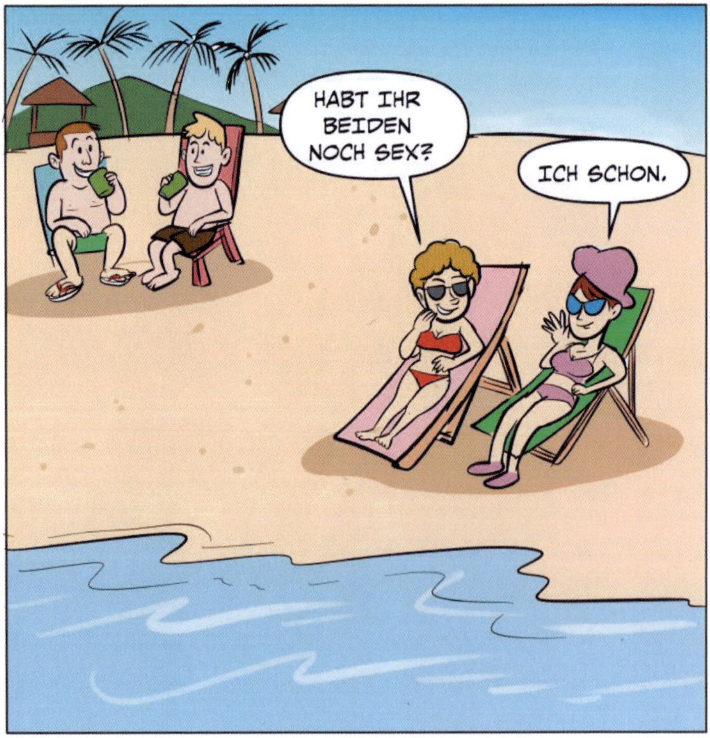
HABT IHR
BEIDEN
NOCH SEX?
ICH SCHON.

Geburtstag einer Prinzessin

Prinzessin Elisabeth, die am 21. April 1944 ihren 18. Geburtstag feiert, erreicht damit das Alter der Volljährigkeit. Aufgrund der Kriegsumstände wird dieser Tag ohne große Zeremonien begangen. Es wird jedoch ein festliches Essen mit der königlichen Familie veranstaltet. Die britische Presse berichtet ausgiebig über diesen Anlass.

Die Zeitschrift "London News" widmet sich in einer umfangreichen Berichterstattung dem Leben und der Ausbildung der zukünftigen Königin. In dieser Reportage wird betont, dass Elisabeth sorgfältig auf ihre Rolle als Königin vorbereitet wird. Sie beherrscht Französisch und Deutsch, erhält Unterricht in Geschichte, Tanz, Musik und Etikette.

Prinzessin Elisabeth an ihrem 18. Geburtstag; die künftige Königin von Großbritannien und Nordirland hat damit die Volljährigkeit erreicht.

Fancy Free in New York

Das Ballet Theatre präsentiert im Metropolitan Opera House in New York das Ballett „Fancy Free" mit Musik von Leonard Bernstein und der Choreographie von Jerome Robbins. Die Premiere erntet begeisterte Reaktionen des Publikums.

Harold Lang, John Kriza und Jerome Robbins in "Fancy Free" im April 1944

Das Stück erzählt von einem sommerlichen Flirt in New York: Drei Matrosen, gespielt von John Kriza, Harold Lang und Jerome Robbins, kommen für einen Kurzurlaub in die Stadt und begegnen dort den drei Mädchen Muriel Bentley, Janet Reed und Shirley Eckl.

In einem tänzerischen Wettstreit um ihre Gunst zeigt sich die humorvolle und lebendige Choreographie von Robbins, die Elemente des Jitterbugs und moderne Tanzbewegungen integriert. „Fancy Free" dient als Inspiration für das später entstandene Musical „On the Town", welches am 28. Dezember 1944 im Adelphi Theatre in New York uraufgeführt wird.

Die Soul-Legende

Barry White, bekannt für seine tiefe, sinnliche Stimme und romantischen Soul-Hits, war eine prägende Figur in der Musikwelt der 1970er Jahre. Geboren am **12. September 1944** in Galveston, Texas, erlangte White Berühmtheit durch seine einzigartige Mischung aus Soul, Funk und Disco. Seine Musik, oft als Soundtrack für Liebesbeziehungen angesehen, war geprägt von üppigen, orchestralen Arrangements und herzlichen Texten.

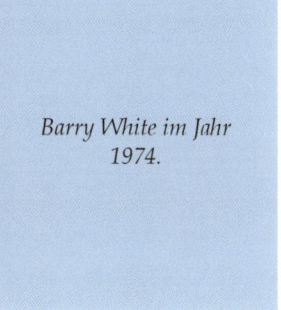

Barry White im Jahr 1974.

Hits wie "You're the First, the Last, My Everything" und "Can't Get Enough of Your Love, Babe" stehen exemplarisch für seinen Stil und haben ihn zu einem Kultsymbol gemacht. Whites tiefe Stimme und charismatische Ausstrahlung verliehen seinen Liedern eine unvergleichliche Tiefe und Emotionalität.

Er war nicht nur ein talentierter Sänger, sondern auch ein geschickter Produzent und Songwriter, der einen nachhaltigen Einfluss auf die Soul- und R&B-Musik hinterlassen hat. Whites Erbe lebt in seinen zeitlosen Hits und seinem unverkennbaren Stil weiter.

Mode in Deutschland

Im Jahr **1944** gibt es in Deutschland keine Modezeitschriften oder Modeschauen mehr, und Frauen sind auf ihre eigene Kreativität angewiesen. Ihre Kleidung muss praktisch sein, da der Alltag oft zu Fuß oder mit dem Fahrrad bewältigt wird. Röcke sind Knie kurz, glockig oder gefaltet, während Mäntel und Jacken meist tailliert sind.

Einfache Mode bestimmt das Jahr 1944.

Viele Kleidungsstücke werden selbst hergestellt, einschließlich Schuhen aus Lederresten mit dicken Kork- oder Holzsohlen und Turbanen aus Crepe. Anstelle von Kunstseidenstrümpfen trägt man im Winter warme Wollstrümpfe und im Sommer leichte Söckchen.

Das geschah 1984, als du 40 Jahre alt warst

Glamour und Geldadel bietet der US-Serienhit „Denver Clan". Hauptfiguren sind Blake Carrington, das „Biest" Alexis und die schöne Krystle.

Am 3. August 1984 um 10:14 Uhr trifft die erste E-Mail in Deutschland ein. Erhalten haben diese Professor Werner Zornund sein Mitarbeiter Michael Rotert von der TH. Absender war Laura Breeden vom Administrationsbüro des Internetvorläufers CSNET

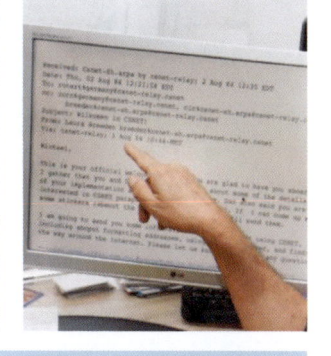

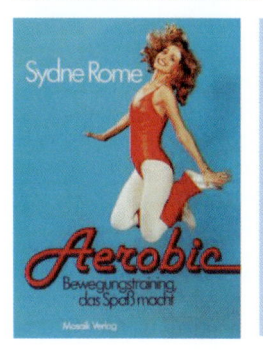

1984 schwappt die Aerobic-Welle auf Deutschland über. Ende Juni wird Aerobic bereits von 1,5 Mio. Bundesbürgerinnen ausgeübt.

Sydne Rome gilt als Botschafterin des Aerobic in Deutschland. Ihr Buch „Aerobic. Bewegungstraining, das Spaß macht" wird zum Bestseller.

Erfolgreicher Kinofilm

Der 1942 veröffentlichte deutsche Spielfilm **„Die große Liebe"** mit **Zarah Leander** in der Hauptrolle gilt als einer der erfolgreichsten Kinofilme in den 1940er Jahren. Das Drama, das von der Universum Film AG veröffentlicht wird, zog seit dem Ausbruch des Krieges die meisten Kinobesucher an.

Zarah Leander in ihrer großartigen Rolle der Hanna Holberg.

Der Film, der eine romantische Handlung aufweist, erhält Auszeichnungen für seinen künstlerischen und politischen Wert sowie für seine volkstümliche Bedeutung. Zarah Leander präsentiert in diesem Film den beliebten Schlager **„Ich weiß, es wird einmal ein Wunder geschehn"**, der zu einem wesentlichen Bestandteil des Filmerlebnisses wird.

Diese Produktion spiegelt die kulturelle Atmosphäre der Zeit wider und zeigt, wie Kino als Mittel der Unterhaltung genutzt wird. „Die große Liebe" ist ein bemerkenswertes Beispiel für das deutsche Kino in dieser Epoche.

Aufruf zu Mut und Selbstbestimmung

„**Die Fliegen**" von Jean-Paul Sartre, eine moderne Adaption des antiken Atriden-Mythos, feiert am 3. Juni 1943 im Pariser Théatre Sarah Bernhardt Premiere. Am **12. Oktober 1944** wird das Stück erstmals in deutscher Sprache im Zürcher Schauspielhaus aufgeführt. In diesem Bühnenwerk geht es um Orest, der durch den Doppelmord an dem Mörder seines Vaters und seiner untreuen Mutter eine bewusste Verantwortung übernimmt und dadurch seine Freiheit erlangt.

Sartre nutzt diese Erzählung, um sich gegen politische Unterdrückung zu positionieren.

Er fordert Mut und Selbstbestimmung im Kontext der „littérature engagée" und betont die Bedeutung von bewussten, eigenverantwortlichen Entscheidungen.

Große Würdigung

Am 30. November feiert Großbritannien den 70. Geburtstag des Premierministers **Winston Churchill,** indem seine Rolle als bedeutender Staatsmann gewürdigt wird. Besonders hervorgehoben werden seine wichtigen Leistungen als Kriegsminister.

Der britische Premierminister Winston Churchill (li.) und Charles de Gaulle (re.).

Die Presse überschüttet ihn mit Lob. Der „Daily Telegraph" betont, dass Churchills Errungenschaften in den letzten fünf Jahren ihm eine führende Position unter den bedeutenden Persönlichkeiten des Landes eingebracht haben. Der „Daily Herald" hebt hervor, dass trotz aller Umstände Churchills unvergängliche Verdienste nicht übersehen werden können. Die „News Chronica" äußert sich in patriotischen Worten und drückt Stolz auf Winston Churchill aus, der als Verkörperung der besten englischen Eigenschaften gesehen wird.

Vintage: 1980er Jahre Rucksack zum Selbernähen

Die Nähanleitung für einen Rucksack aus den frühen 80ern zum Selbernähen gibt es unten.

Hier der QR-Code und Link zur Nähanleitung des 80er Rucksacks zum Download.

https://bit.ly/rucksack-80er

ICH HABE PETER BEIM HOLZHACKEN GEHOLFEN, DAMIT ER MIR DEN BEAMER LEIHT ... UND DU KOMMST MIT „VOM WINDE VERWEHT"?!
GUTE FILME BRAUCHEN KEINE FARBEN.

Große Freiheit Nr. 7

Große Freiheit Nr. 7", ein Film von Regisseur Helmut Käutner, erzählt eine melancholisch-poetische Geschichte aus dem Umfeld der Hamburger Reeperbahn. Die Hauptrolle des Sängers Hannes wird von **Hans Albers** verkörpert. Der Film hatte seine Premiere am 15. Dezember 1944 in Prag, da er im Deutschen Reich verboten ist.

Im Hippodrom auf der Hamburger Reeperbahn sorgt der singende Seemann Hannes Kröger für Stimmung, obwohl er lieber wieder auf große Fahrt gehen würde.

Als er sich eines jungen Mädchens vom Lande, Gisa Häuptlein, annimmt, verliebt er sich hoffnungslos.

Neben Hans Albers in der Rolle des charismatischen Sängers und inoffiziellen Herrschers der Reeperbahn, sind weitere Hauptrollen mit Ilse Werner, Hans Söhnker, Gustav Knuth und Hilde Hildebrand besetzt.

Flugverkehr wieder möglich

Im Februar 1944 nimmt die schwedische Fluggesellschaft **Aerotransport** ihren regelmäßigen Flugverkehr zwischen Schweden und Großbritannien wieder auf, nachdem dieser im Herbst 1943 eingestellt worden war. Dies markiert einen bedeutenden Schritt in der Luftfahrt während des Zweiten Weltkriegs.

Die Flüge werden nun unter besonderen Bedingungen durchgeführt: Sie erfolgen mit voller Beleuchtung und unter dem Geleit deutscher Flugzeuge. Diese Maßnahme dient der Sicherheit auf der Route über norwegisches Gebiet. Zudem wird der Weg durch spezielle Leuchtfeuer gekennzeichnet, um eine sichere Navigation zu gewährleisten. Diese Wiederaufnahme des Flugverkehrs ist ein Beispiel für die Anpassungsfähigkeit und Kooperation in einem von Konflikten geprägten Europa.

Der Flugverkehr zwischen Schweden und Großbritannien wird wieder aufgenommen.

Mode in Frankreich

Im besetzten Frankreich ignoriert man häufig die strengen Beschränkungen. Obwohl offiziell nur drei Meter Stoff für ein Kleid erlaubt sind, verwenden Pariser Schneider bis zu 15 Meter. Während deutsche Frauen ihr Haar hochgesteckt tragen, bevorzugen Französinnen es, ihre **Haare locker** fallen zu lassen. In Paris existiert nur ein Friseur der Haare trocknen kann, da der benötigte Strom mittels Fahrrädern erzeugt wird.

Die Couture-Häuser planen eine gemeinsame große Schau, um den Ruf der Pariser Mode weltweit wieder zu festigen. Diese Modeschau präsentiert etwa 30 cm große Puppen, bekleidet mit den neuesten Pariser Modellen – ein bescheidener Beginn auf dem Weg zum Erfolg.

Nach der Befreiung von Paris im August 1944 kennen die Couturiers keine Grenzen mehr, zumindest auf dem Zeichenblock. Die neue Frauenzeitschrift „Marie France" wird ins Leben gerufen, und im Dezember erscheint die französische Mode- und Frauenzeitschrift „Vogue" wieder mit einer Befreiungsausgabe.

Das geschah 1994, als du 50 Jahre alt warst

Am 9. Mai wird der ANC-Vorsitzende Nelson Mandela zum ersten Schwarzen Präsidenten Südafrikas gewählt.

Am 22. März erhält der Film „Schindlers Liste" von US-Regisseur Steven Spielberg in Los Angeles sieben Oscars und wird zum erfolgreichsten Film des Jahres.

In Lillehammer/Norwegen finden im Februar die XVII. Olympischen Winterspiele statt. Erstmals werden die Winterspiele zur besseren Vermarktung nicht im selben Jahr wie die Sommerspiele veranstaltet.

Italiens Kulturerbe

Italien, berühmt für seine **reiche künstlerische und kulturelle Geschichte,** steht aktuell im Zentrum kriegerischer Auseinandersetzungen. Diese Entwicklung hat weltweit Besorgnis über das Schicksal seiner unersetzlichen Kunst- und Kulturdenkmäler ausgelöst. Trotz wiederholter Appelle von Kunstexperten an die kriegsführenden Mächte, diese historischen Schätze zu schützen, wurden viele Meisterwerke in den Kämpfen beschädigt oder zerstört.

Gerettetes Kunstwerk im Kloster Monte Cassino (liegt zwischen Rom und Neapel).

Dennoch gibt es auch Lichtblicke: Dank der Umsicht und Entschlossenheit einiger Verantwortlicher konnten einige dieser wertvollen Kulturgüter gerettet werden. Diese Bemühungen spiegeln das tiefe globale Bewusstsein für den Wert und die Bedeutung des italienischen Kulturerbes wider. Sie verdeutlichen auch die Notwendigkeit, Kulturerbe in Konfliktzeiten zu schützen.

Während einige der historischen Werke unwiederbringlich verloren sind, gibt die Rettung anderer Anlass zur Hoffnung und unterstreicht die Bedeutung internationaler Zusammenarbeit zum Schutz und Erhalt kultureller Schätze.

Eine besondere Stimme

Joe Cocker, ein unverwechselbarer Sänger und Interpret, prägte mit seiner rauen, leidenschaftlichen Stimme die Musikszene. Geboren am **20. Mai 1944** in Sheffield, England, erlangte er in den späten 1960er Jahren Berühmtheit. Cockers Durchbruch gelang mit einer kraftvollen Coverversion des Beatles-Songs "With a Little Help from My Friends", die zu einem weltweiten Hit wurde. Sein einzigartiger Stil, der Rock, Blues und Soul miteinander verschmolz, sowie seine intensive Bühnenpräsenz, machten ihn zu einer Ikone. Er war bekannt für emotionale, mitreißende Live-Auftritte, die das Publikum begeisterten.

Joe Cocker mit seiner unverwechselbaren Bühnengestik. Bild aus dem Jahr 2003

Seine Karriere umfasste Hits wie "You Are So Beautiful" und "Up Where We Belong". Cocker wurde nicht nur für seine musikalischen Leistungen anerkannt, sondern auch für seine Authentizität und Hingabe. Sein Erbe bleibt in der Musikwelt unvergessen.

Ein Film über Liebe und Opfer

Der deutsche Film **„Opfergang"**, unter der Regie von Veit Harlan und basierend auf einer Novelle von Rudolf G. Binding, feiert seine Premiere am 8. Dezember 1944 in Hamburg. Dieser Farbfilm wird für seine künstlerische Qualität hochgelobt.

Die Farbfilmqualität besticht.

Die Handlung dreht sich um eine emotionale Geschichte von Ehe und Liebe, zentriert um ein klassisches Liebesdreieck: Albrecht Froben (gespielt von Carl Raddatz) ist nicht nur in seine frisch angetraute Ehefrau Oktavia (Irene von Meyendorff) verliebt, sondern auch in die faszinierende und mysteriöse Nachbarin Äls (Kristina Söderbaum).

Als Albrecht versucht, das Kind von Äls vor dem Tod durch Typhus zu bewahren, infiziert er sich selbst. Oktavia, zunächst verzweifelt, zeigt letztendlich ihre große Opferbereitschaft. Sie pflegt ihren kranken Mann und kümmert sich auch um dessen Geliebte. Nachdem Äls stirbt, erkennt Albrecht die wahre Stärke seiner Ehefrau und kehrt reumütig zu ihr zurück.

Exklusiv: Cholesterinarme Rezepte aus 1994

In den USA gibt es schon seit den 1970er Jahren „Low Cholesterol" Kochbücher (Abb. aus 1970)

Acht cholesterinarme Rezepte aus dem Jahr 1994 gibt es hier mittels Link oder QR-Code zum Download:

https://bit.ly/cholesterinarm-1994

Arsen und Spitzenhäubchen

„Arsenic and Old Lace", ein Film von Frank Capra, feiert seine Premiere in den USA im September 1944. Diese gruselige **Komödie,** ein Juwel des schwarzen Humors, wird schnell zu einem beliebten Film, besonders dank der Leistung von **Cary Grant** in der Hauptrolle. Ursprünglich ein Broadway-Hit, entscheidet sich Capra, die Geschichte zu verfilmen, und wählt Grant für die Hauptrolle des Mortimer Brewster.

Szene aus dem US-amerikanischen Erfolgsfilm „Arsen und Spitzenhäubchen" (Regie: Frank Capra); Cary Grant (re.) ist als Mortimer Brewster zu sehen.

In der Rolle des Mortimer Brewster muss sich Grant mit seiner exzentrischen Familie auseinandersetzen: Seine Tanten vergiften ältere Männer, sein Onkel glaubt, er sei Präsident Franklin Delano Roosevelt, und sein Bruder Jonathan ist nicht nur verrückt, sondern auch ein Mörder.

Wiederkehr des Notensystems

In der Sowjetunion erlebt das Bildungssystem im Jänner 1944 eine bedeutende Wende: Das im Jahr 1918 abgeschaffte Zeugnis- und Zensurwesen wird für alle Schulen erneut eingeführt. Diese Neuerung bedeutet, dass Schülerleistungen wieder auf der Grundlage eines **strukturierten Bewertungssystems** beurteilt werden.

Propagandaplakat der UdSSR.

Das eingeführte System basiert auf einer Fünf-Stufen-Einteilung, die von „sehr gut" bis „ungenügend" reicht. Diese Maßnahme zielt darauf ab, die Bildungsstandards zu erhöhen und eine klare Leistungsbewertung zu ermöglichen. Die Wiedereinführung des Zensurenwesens spiegelt den Wunsch der sowjetischen Führung wider, die Bildungsqualität zu verbessern und die Leistungen der Schüler objektiver und transparenter zu bewerten.

Familie Buchholz

In Berlin läuft aktuell die Premiere der Filmkomödie „Familie Buchholz", eine Adaption von Julius Stindes gleichnamigem Roman, inszeniert von Carl Froelich. Die Hauptrolle der Ehefrau eines Fabrikanten, dargestellt von Henny Porten, konzentriert sich darauf, ihre Töchter Betti und Emmi erfolgreich zu verheiraten. Dieser Film, sowohl als „künstlerisch wertvoll" und auch als „volksbildend" anerkannt, erfreut sich großer Beliebtheit.

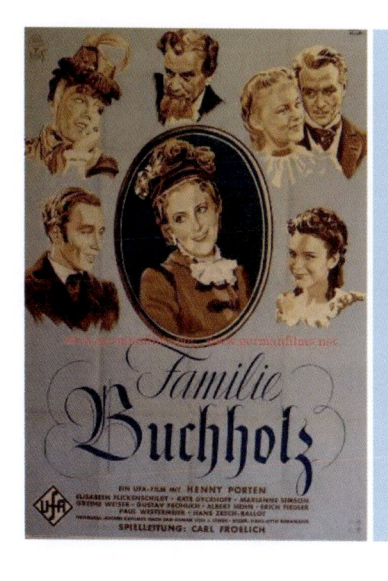

Der Film markiert einen wichtigen Meilenstein in der deutschen Filmgeschichte und spiegelt die kulturellen Werte und Normen der Epoche wider.

„Familie Buchholz" zeichnet sich durch eine humorvolle Darstellung des Familienlebens und der gesellschaftlichen Konventionen aus. Die Leistung der Schauspieler, insbesondere von Henny Porten, wird allgemein gelobt.

Das geschah 2004, als du 60 Jahre alt warst

Am 4. Januar landet der amerikanische Roboter „Spirit" auf dem Mars und sendet Fotos von der Oberfläche des roten Planeten zur Erde.

Am 1. Mai treten Estland, Lettland, Litauen, Malta, Polen, die Slowakei, Slowenien, Tschechien, Ungarn und der griechische Südteil Zyperns in einem feierlichen Akt der EU bei, der damit 25 Länder angehören.

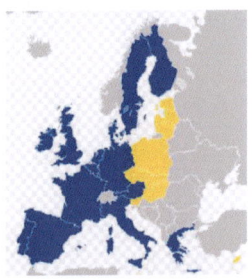

Am 6. Mai wurde Pablo Picassos "Junge mit der Pfeife" zum Rekordpreis von 104 Millionen Dollar verkauft.

Bester Film des Jahres

Der US-Spielfilm „Casablanca", mit den Hauptdarstellern Humphrey Bogart und Ingrid Bergman, feiert bei den Oscars am 2. März 1944 herausragende Erfolge. Der Film, ein romantisches Drama vor dem Hintergrund des Zweiten Weltkriegs, erhält drei der begehrten Trophäen: für die Beste Produktion, Beste Regie und Bestes Drehbuch.

Filmplakat „Casablanca"

„Casablanca" etabliert sich als Meisterwerk des klassischen Hollywood-Kinos. Die Geschichte, die sich um Liebe, Opfer und moralische Dilemmata dreht, bleibt für ihre ikonischen Dialoge und zeitlose Thematik bekannt und wird von Kritikern und Publikum gleichermaßen geschätzt.

Die Serienbraut

In den USA sorgt der Fall der 35-jährigen Marion Stankovich für Aufsehen. Seit ihrem 17. Lebensjahr hat sie **15 Männer geheiratet,** ohne auch nur eine Scheidung vorzunehmen. Dieser außergewöhnliche Fall von Bigamie wird kürzlich entdeckt, wobei Stankovich´s Handlungen rechtliche und soziale Fragen aufwerfen.

15 Mal geheiratet – das ist Rekord

Ihr Motiv und die Umstände, unter denen diese Ehen geschlossen werden, sind derzeit Gegenstand von Untersuchungen. Die Behörden arbeiten daran, die gesamte Situation zu entwirren und die rechtlichen Konsequenzen für Stankovich zu bestimmen. Dieser Fall hat nicht nur in den lokalen Medien, sondern auch international für Erstaunen gesorgt.

Verschollen

Antoine de Saint-Exupéry, französischer Schriftsteller und Pilot, verschwindet am 31. Juli 1944 während eines Aufklärungsflugs. Geboren am 29. Juni 1900, beginnt Saint-Exupéry seine Fliegerkarriere mit 21 Jahren bei der Luftwaffe. Er arbeitet zunächst für eine zivile Luftfahrtgesellschaft, leitet dann ab 1929 die Aeroposta Argentina in Buenos Aires und tritt 1934 in den Dienst der Air France. Im Zweiten Weltkrieg fliegt er für die alliierte Luftwaffe.

Antoine de Saint-Exupéry, französischer Pilot und Schriftsteller.

Seine literarischen Werke basieren oft auf seinen Erfahrungen als Pilot und beinhalten zivilisationskritische sowie ethische Überlegungen. Saint-Exupéry kritisiert die moderne Gesellschaft und den technischen Fortschritt und vertritt eine humanistische Vision, die sich für geistige und seelische Verbindungen zwischen Menschen einsetzt. Seine Werke, darunter „Wind, Sand und Sterne", „Nachtflug" und „Der kleine Prinz", ein Weltraummärchen über Freundschaft und Liebe, erlangen weltweiten Ruhm und Anerkennung.

Schlager des Jahres 1944

Deutsche Schlager 1944

1: Hans Albers: Beim ersten Mal da tut's noch weh
2: Marika Rökk: In der Nacht ist der Mensch nicht gern allein
3: Bar-Trio: Ich Will Mich Nicht Verlieben
4: Johannes Heesters: Das Karussell
5: Magda Hain: Ich warte auf dich
6: Kary Barnet: Zum Abschied reich ich Dir die Hände
7: Rudi Schuricke: Leise erklingen die Glocken von Campanile
8: Eva Busch: Auch für uns ist die Stunde gekommen
9: Benny de Weille und sein großes Orchester: Heute macht die ganze Welt Musik für mich
10: Orchester Lutz Templin: Ping-Pong

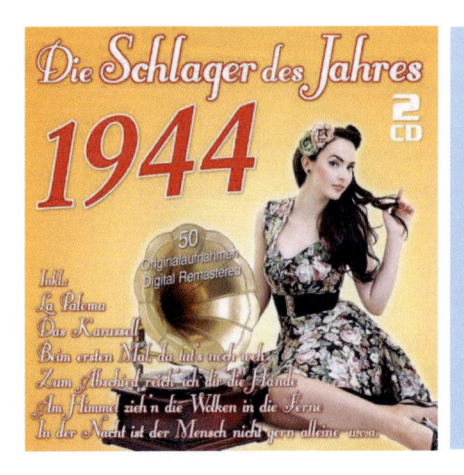

Hans Albers und Marika Rökk waren die beliebtsten SängerInnen im Jahr 1944.

Schlager-Ikone

Chris Roberts, geboren am **13. März 1944** war ein vielseitiger Künstler und Entertainer, hat sich sowohl in der Musik- als auch in der Filmbranche einen Namen gemacht. Geboren in München, begann seine Karriere in den frühen 1970er Jahren. Er erlangte besondere Bekanntheit durch seine melodischen Popsongs, die eine breite Palette von Emotionen einfingen. Roberts war nicht nur für seine samtige Stimme bekannt, sondern auch für sein Charisma, das sowohl auf der Bühne als auch auf der Leinwand strahlte.

Eine Schlager-Ikone in den 1970ern: Chris Roberts.

Seine Musik, oft geprägt von romantischen und nachdenklichen Texten, resoniert noch heute bei Fans verschiedener Generationen. Darüber hinaus war seine Arbeit im Kino, sowohl als Schauspieler als auch als Produzent, ein Beweis für seine vielseitige Kreativität und seinen künstlerischen Ausdruck. Chris Roberts hinterlässt ein vielfältiges Erbe, das sowohl in Deutschland als auch international Anerkennung findet.
die

Ein Symbol für Mut

„Das siebte Kreuz", ein bedeutender Film von Fred Zinnemann, basiert auf dem gleichnamigen Roman von Anna Seghers. Der Film, in dem Spencer Tracy, Signe Hasso und Hume Cronyn die Hauptrollen spielen, erzählt das Schicksal von sieben Häftlingen, die aus einem Konzentrationslager fliehen. Ihr tragisches Ende ist vorherbestimmt: Sie sollen an sieben Kreuzen sterben.

„Das siebte Kreuz" bleibt ein wichtiges Werk, das die Schrecken des Holocausts und die Bedeutung von Solidarität und Widerstand eindringlich vermittelt.

Diese beklemmende Darstellung wird jedoch durch ein Symbol der Hoffnung gebrochen: Das siebte Kreuz bleibt leer. Ein Gefangener entkommt dank der Solidarität der anderen, was das siebte Kreuz zum Sinnbild des Widerstands und der Hoffnung macht.

Der Film, in dem auch deutsche Emigranten wie Helene Weigel mitspielen, ist nicht nur ein eindringliches Zeitdokument, sondern auch eine Hommage an den menschlichen Mut und die Kraft des gemeinsamen Widerstandes gegen Unterdrückung und Verfolgung.

Miniaturuhr als Fingerring

Dieses bemerkenswerte Kunstwerk, konzipiert, um anstelle eines **Edelsteins an einem Fingerring** getragen zu werden, stellt einen Durchbruch in der Feinmechanik und Miniaturisierung dar.

Der belgische Uhrmacher Camille Festernaets aus Sint-Truiden hat nach drei Jahren akribischer Arbeit die bisher kleinste Uhr der Welt fertiggestellt.

Festernaets, dessen Leidenschaft und Expertise in der Uhrmacherkunst tief verwurzelt sind, hat mit dieser Erfindung die Grenzen des Machbaren in der Uhrenherstellung neu definiert. Diese Miniaturuhr, die sowohl in technischer als auch in ästhetischer Hinsicht beeindruckt, symbolisiert die Verschmelzung von traditionellem Handwerk und innovativer Technologie.

Mit ihrem einzigartigen Design und der extremen Miniaturisierung ist sie nicht nur ein funktionales Zeitmessgerät, sondern auch ein beeindruckendes Schmuckstück. Festernaets' Kreation hat weitreichende Anerkennung gefunden und setzt neue Maßstäbe in der Welt der Feinuhrmacherei.

Eine lebende Filmlegende

Michael Douglas, ein herausragender Schauspieler und Produzent, hat sich in der Filmwelt einen Namen gemacht, der synonym für Vielseitigkeit und Tiefe ist. Geboren am **25. September 1944,** erlangte vor allem durch seine charismatischen und oft intensiven Rollen Anerkennung. Er gewann sowohl als Produzent des Dramas "Einer flog über das Kuckucksnest" als auch als Schauspieler in Filmen wie "Wall Street" und "Die Unbestechlichen" Oscars.

Michael Douglas erblickte am 25. September 1944 in New Brunswick, New Jersey das Licht der Welt.

Seine Fähigkeit, komplexe Charaktere mit einer Mischung aus Charme und Intensität darzustellen, hat ihn zu einem der einflussreichsten Schauspieler seiner Generation gemacht.

Die beliebtesten Vornamen

Folgende Vornamen sind im Jahr 1944 am beliebtesten:

Mädchen:	Jungen:
1. Ursula	1. Hans
2. Elisabeth	2. Heinz
3. Gertrud	3. Werner
4. Erika	4. Helmut
5. Hildegard	5. Karl
6. Ingeborg	6. Walter
7. Margot	7. Willi
8. Irmgard	8. Gerhard
9. Gisela	9. Manfred
10. Marianne	10. Rolf

Hans Albers war 1944 ein sehr beliebter Schauspieler und sein Vorname der beliebteste für 1944 geborene Jungen.

Klein aber lustig

Danny DeVito ist zwar mit seinen rund 147 cm Körpergröße nicht der Größte, aber er hat sich durch seine markanten Auftritte in Film und Fernsehen einen Namen gemacht. Geboren am **17. November 1944** in Neptune Township, New Jersey, besticht DeVito durch seine einzigartige Präsenz und seinen unverwechselbaren Stil.

Dany DeVito, ein vielseitiger und charismatischer Schauspieler, Regisseur und Produzent.

DeVito brillierte in einer Vielzahl von Rollen, von komödiantischen Charakteren in Filmen wie "Twins" und "Matilda" bis hin zu ernsteren Rollen in Werken wie "L.A. Confidential". Seine Fähigkeit, sowohl auf der Leinwand als auch hinter der Kamera zu beeindrucken, zeugt von seinem umfangreichen Talent.

Mädchenideal

Im Jahr 1944 zeigte die Titelseite von „The Illustrated London News" in der Dezemberausgabe ein Bild des Mädchenideals des 19. Jahrhunderts. Diese Darstellung betonte typische Eigenschaften, die in dieser Epoche als ideal angesehen wurden.

Das Mädchen auf dem Bild wurde als 'rein und jung und froh' beschrieben, ein Bild der Unschuld und Jugendlichkeit, das stark mit den damaligen sozialen Erwartungen an junge Frauen korrelierte.

Interessanterweise wurde das Mädchen auch als 'nicht zu klug' beschrieben, was auf die damalige Tendenz hinweist, von Frauen weniger Intellekt und mehr Naivität und Einfachheit zu erwarten. Diese Darstellung reflektiert die damaligen Geschlechterrollen und sozialen Normen, die Frauen in eine sehr spezifische und oft einschränkende Rolle drängten.

Solche Bilder waren einflussreich in der Formung der öffentlichen Meinung und der Vorstellungen von Weiblichkeit und Jugend in dieser Zeit."

Prominente Geburtstagskinder

Folgende prominente ErdenbürgerInnen erblicken 1944 das Licht der Welt:

02. März: **Uschi Glas**
Deutsche Schauspielerin

26. März: **Diana Ross**
US-Sängerin

12. September: **Barry White**
US-Soulsänger

07. April: **Gerhard Schröder**
ehem. Bundeskanzler

13. März
Chris Roberts
Deutscher Schlagersänger

17. November:
Dany DeVito
US-Schauspieler

25. September:
Michael Douglas
US-Schauspieler

18. November:
Wolfgang Joop
Modeschöpfer

17. September: **Reinhold Messner**
Bergsteigerlegende

Ein Modevisionär

Wolfgang Joop erblickt am 18. November 1944 in Potsdam das Licht der Welt. Joop ist ein renommierter deutscher Modedesigner, der durch seine Kreativität und seinen einzigartigen Stil bekannt wurde. Wolfgang Joop gründete in den 1980er Jahren sein eigenes Label „JOOP!", das schnell zu einem Synonym für luxuriöse und innovative Designermode wurde.

Wolfgang Joop war auch bei zwei Staffeln von „Germany's Next Topmodel" als Jury-Mitglied dabei.

Seine Kollektionen, bekannt für ihre Eleganz und ihren anspruchsvollen Stil, haben international Anerkennung gefunden. Joop zeichnet sich durch seine Fähigkeit aus, klassische Elemente mit modernen Trends zu kombinieren, und hat sich somit als einflussreicher Designer in der Modeindustrie etabliert. Neben seiner Modekarriere ist Joop auch als Autor und Fernsehpersönlichkeit tätig und bleibt eine inspirierende Persönlichkeit in der Welt der Kunst und Mode.

Die Katze von Anzing

Sepp Maier, eine Torwartlegende im deutschen Fußball, ist vor allem für seine außergewöhnlichen Leistungen als Torhüter des FC Bayern München und der deutschen Nationalmannschaft bekannt. Geboren am **28. Februar 1944** in Metten, Bayern, begann seine beeindruckende Karriere in den 1960er Jahren.

Sepp Maier, oft als "Die Katze von Anzing" bezeichnet, war für seine unglaubliche Reaktionsfähigkeit, seine Geschicklichkeit und seine Konstanz bekannt.

Er war ein Schlüsselfaktor für den Erfolg Bayern Münchens in den 1970er Jahren, als der Club drei aufeinanderfolgende Europapokale gewann.

Mit der deutschen Nationalmannschaft gewann er 1972 die Europameisterschaft und 1974 die Weltmeisterschaft. Maiers Karriere war geprägt von zahlreichen individuellen Auszeichnungen, und er gilt bis heute als einer der besten Torhüter in der Geschichte des Fußballs.

Meisterregisseur

George Lucas, ein visionärer Filmemacher und Schöpfer einiger der einflussreichsten Werke in der Filmgeschichte, hat das moderne Kino nachhaltig geprägt. Geboren am **14. Mai 1944** in Modesto, Kalifornien, revolutionierte Lucas die Filmindustrie mit seiner "Star Wars"-Reihe, die zu einem weltweiten Phänomen und Kulturgut wurde.

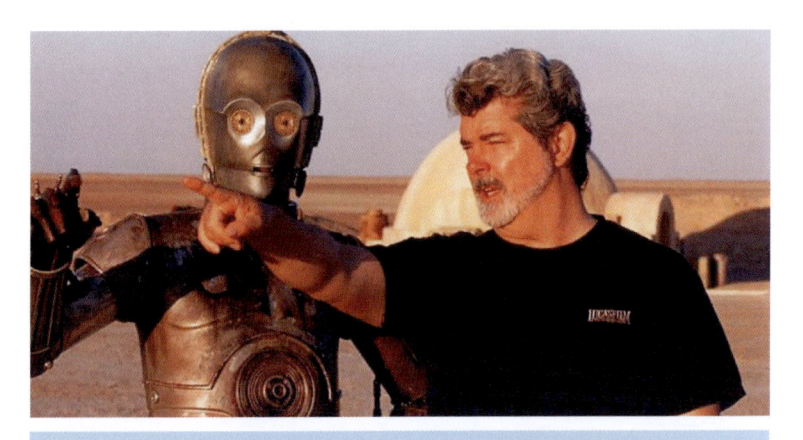

George Lucas, der Star Wars Schöpfer.

Sein Schaffen geht jedoch weit über "Star Wars" hinaus; als Regisseur von "American Graffiti" und als Schöpfer der "Indiana Jones"-Reihe hat er weitere Meilensteine gesetzt. Lucas ist auch bekannt für seine Innovationen im Bereich der Spezialeffekte und der digitalen Filmtechnologie.

Sein Einfluss erstreckt sich über verschiedene Aspekte der Filmproduktion, vom Storytelling bis zur Technologie. Lucas' Visionen und sein Streben nach Innovation haben ihn zu einer legendären Figur in der Welt des Kinos gemacht.

Raserei im Kino

Der Film **„Raserei"**, ein internationaler Erfolg von Regisseur Alf Sven Erik Sjöberg, basiert auf einem Drehbuch von Ingmar Bergman. Die Handlung dreht sich um einen Gymnasiasten, gespielt von Alf Kjellin, der unter seinem sadistischen Lehrer, dargestellt von Stig Järrel, leidet. Der Schüler verliebt sich in ein junges Mädchen, verkörpert von Mai Zetterling, die wiederum in einer Beziehung mit einem Sadisten steht.

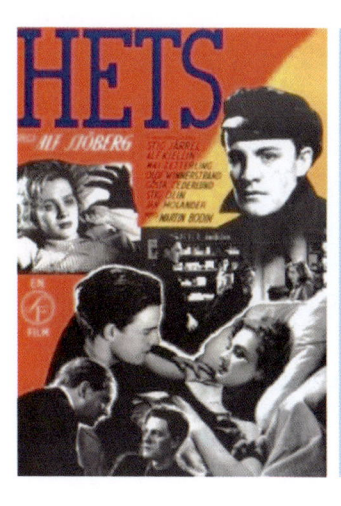

Die Geschichte spiegelt tiefe emotionale Konflikte und die dunkle Seite menschlicher Beziehungen wider.

Eines Tages findet der Gymnasiast das Mädchen tot auf, während sein Lehrer im Nebenzimmer angetroffen wird. Die polizeiliche Untersuchung stellt fest, dass das Mädchen Selbstmord begangen hat und der Lehrer nicht direkt für ihren Tod verantwortlich ist. Jedoch wird deutlich, dass der Lehrer eine moralische Mitschuld am Selbstmord des Mädchens trägt.

Das geschah 2014, als du 70 Jahre alt warst

Conchita Wurst gewinnt den Eurovision Song Contest für Österreich. 13-mal bekommt sie die volle Punktzahl.

Am 13. Juli besiegt die deutsche Fußballnationalmannschaft im Endspiel Argentinien mit 1:0 und gewinnt die Fußballweltmeisterschaft 2014 in Brasilien.

In einer beeindruckenden Feier hat am 27. April Papst Franziskus in Rom seine Vorgänger Johannes XXIII. und Johannes Paul II. heiliggesprochen. Hunderttausende waren gekommen, Millionen sahen zu. Ein Ereignis, das es so noch nie gab.

1944 als Kreuzworträtsel

1. Chin. Sternzeichen; 2. Nachname 1944 geb. deutsche Schauspielerin; 3. Vorname Bergsteigerlegende; 4. Vorname beliebte deutsche Schauspielerin; 5. Musikgruppe von Diana Ross; 6. Nachname wiedergewählter US-Präsident; 7. Nachname österr. Schauspieler und Komiker; 8. Prinzessin, die 1944 ihren 18. Geburtstag feierte; 9. Hauptdarsteller in „die Große Freiheit Nr. 7"; 10. Nachname Hauptdarsteller in „Arsen und Spitzenhäubchen"; 11. Ocar-Film-Gewinner 1944; 12. Beliebtester Mädchen-Vorname; 13. Nachname deutscher Modeschöpfer; 14. Neuer Musikstil aus den USA. (Auflösung auf Seite 97)

Fortsetzung folgt

Der Nachfolger des erfolgreichen Films **„Familie Buchholz"** mit dem Titel „Neigungsehe", feiert seine Premiere am 24. März 1944 in Berlin. In dieser Fortsetzung steht Wilhelmine Buchholz (gespielt von Henny Porten) erneut im Mittelpunkt.

Käthe Dyckhoff und Albert Hehn in den Hauptrollen.

Nachdem sie bereits ihre Tochter Emmi erfolgreich verheiratet hat, konzentriert sie sich nun auf ihre ältere Tochter Betti (dargestellt von Käthe Dyckhoff). Trotz der eifrigen Bemühungen ihrer Mutter entscheidet sich Betti jedoch, gegen die Erwartungen zu handeln und heiratet heimlich den Maler Holle, gespielt von Albert Hehn.

Lösung Kreuzworträtsel

1. Affe; 2. Glas; 3. Reinhold; 4. Marika; 5. Supremes; 6. Roosevelt; 7. Moser; 8. Elisabeth; 9. Hans; 10. Grant; 11. Casablanca; 12. Ursula; 13. Joop; 14. Bebop

Bildverzeichnis und Links

alamy; bigstock; canto; gettyimages; okapia; pixxio; pixabay; shutterstock; stokpic. Trotz größter Sorgfalt konnten die Urheber nicht in allen Fällen ermittelt werden. Es wird gegebenenfalls um Mitteilung gebeten.

Wir bitten um Verständnis, dass wir keinen Einfluss darauf haben, wie lange die externen Links (z.B. Youtube-Videos) abrufbar sind. Es besteht keinerlei wirtschaftliche oder sonstige Verbindung zu eventuell eingespielter Werbung vor den Videos. Cartoons: Nadja Kühnlieb

Impressum

Autorin: Nadja Kühnlieb

© 2024 Verlag Mensch
www.verlagmensch.com / info@verlagmensch.com
Dr. Roman Feßler LL.M.
6900 Bregenz - Österreich, Bregenzer Straße 64
Umschlaggestaltung: Ingeborg Helzle Grafikdesign
Covermotiv: Alamy
Konzept: Dr. Beate Guldenschuh-Feßler

1. Auflage 2024
Alle Rechte vorbehalten. Nachdruck, auch auszugsweise, nur mit schriftlicher Genehmigung des Verlags.

In der Serie Geburtstagsbücher für Frauen sind erschienen:

In der Serie Geburtstagsbücher für Männer sind erschienen:

Alle Jahrgänge enthalten Download-Material zum jeweiligen Geburtsjahr.
Alle Geburtstagsbücher sind exklusiv auf Amazon erhältlich.

Psychologische Ratgeber

Dr. Beate Guldenschuh-Feßler

Jeden Tag glücklich!

Positive Psychologie für mehr Glück & Lebensfreude

Exklusiv auf Amazon.
Der Link zum Buch:
bit.ly/Jeden-Tag-glücklich

Auf 425 Seiten erhalten Sie 199 Praxistipps und Übungen von der erfahrenen Diplom-Psychologin und Verhaltenstherapeutin zur Erhöhung Ihres persönlichen Glückniveaus.

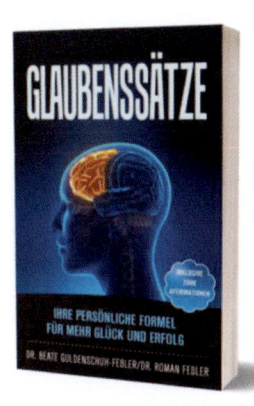

Dr. Beate Guldenschuh-Feßler

Glaubenssätze

Ihre persönliche Formel für mehr Glück und Erfolg. Inklusive 2.000 Affirmationen

Der Link zum Buch:
bit.ly/Buch-Glaubenssätze

Identifizieren Sie Ihre einschränkenden Glaubenssätze und erfahren Sie, wie Sie mit positiven Affirmationen glücklicher und erfolgreicher werden.

Dr. Beate Guldenschuh-Feßler

Das große Tagebuch der Dankbarkeit

Studien beweisen, dass ein Dankbarkeitstagebuch unser Glücksniveau steigern und Geist und Körper positiv beeinflussen kann.

Der Link zum Buch:
bit.ly/dankbares-leben

Neben ausreichend Platz für Ihre Tagebucheintragungen erhalten Sie psychologisches Hintergrundwissen, Tipps und Übungen zum Thema Dankbarkeit.

Dr. Beate Guldenschuh-Feßler

Grimms Märchen für mehr Selbstbewusstsein, Mut & Hilfsbereitschaft

11 Tugenden zur Persönlichkeitsentwicklung psychologisch aufbereitet.

Der Link zum Kinderbuch:
https://amzn.to/3N5GaQh

Vermitteln Sie anhand von Grimms Märchen Werte, die für Kinder von besonderer Bedeutung sind. Mit Ausmalbildern und Hörbuch für Kinder ab 4 Jahren.

Printed in Poland
by Amazon Fulfillment
Poland Sp. z o.o., Wrocław
17 April 2024

e258a70c-909e-40a6-958b-0666f3faa984R01